中华中医昆仑

刘绍武学术评传

张镜源◎主编

中国盲文出版社

图书在版编目（CIP）数据

刘绍武学术评传（大字版）/ 张镜源主编. —北京：中国盲文出版社，2015.12

（中华中医昆仑）

ISBN 978-7-5002-6794-2

Ⅰ. ①刘… Ⅱ. ①张… Ⅲ. ①刘绍武—评传 Ⅳ. ①K826.2

中国版本图书馆 CIP 数据核字（2015）第 316671 号

刘绍武学术评传

主　　编：张镜源
责任编辑：顾　盛
出版发行：中国盲文出版社
社　　址：北京市西城区太平街甲 6 号
邮政编码：100050
印　　刷：北京华联印刷有限公司
经　　销：新华书店
开　　本：700×1000　1/16
字　　数：42 千字
印　　张：6.75
版　　次：2015 年 12 月第 1 版　2016 年 3 月第 2 次印刷
书　　号：ISBN 978-7-5002-6794-2/K·428
定　　价：12.00 元
销售服务热线：（010）83190297　83190289　83190292

丛书编委会

前　言

中医药是中华民族的伟大创造，是世界医学宝库中的夺目瑰宝，数千年来为中华民族的繁衍昌盛作出了巨大的不可磨灭的贡献，至今仍是中国医药卫生事业不可分割的重要组成部分，在维护民族体魄康健、促进经济社会发展中发挥着不可替代的作用。

中医药学，是中华传统文化和科技文明的结晶，是勤劳聪慧的中华儿女在几千年生产生活实践中，在与疾病作斗争的过程中，创造的独具特色的医学科学体系。它有着浓郁的民族特色、深厚的文化底蕴和丰富的哲学内涵。经过一代又一代中医药传人、一辈又一辈名医大家的实践探索、薪火传承、总结完善、创新发展，逐步形成了系统的理论体系、独特的诊疗方法、丰富的医学内容、实用的制药技术。具有疗效确切、用药安全、应诊灵活、普适简廉和预防保健作用显著的巨大优势，在世界医学之林独树一帜，为人类的文明进步与医疗保健事业，已经并正在作出积极的贡献。

为了弘扬中华民族传统文化，彰显中医药学家的丰功伟绩，当代中医药发展研究中心与中国文学艺术界联合会、国家中医药管理局新闻办公室、中华中医药学会、中国中医科学院、北京中医药大学、世界中医药学会联合会等精诚合作，在国家中医药管理局的支持和指导下，为中华近现代百年来贡献卓著、深受敬仰的150位中医药学家，编撰出版了这部大型传记丛书。丛书采用评传体裁，记载他们的生平事迹、医术专长、学术思想、传承教育、医风医德、养生之道和突出贡献，使这些宝贵的医学成就和精神财富发扬光大，千古流芳。

丛书取名《中华中医昆仑》。昆仑山，被尊为“万山之祖”，柱西北而瞰东南，立中国而凭世界，凌驾乾坤，巍然屹立。以其高峻豪迈、绵延起伏的磅礴气势，寓意中华中医药学历史悠久、博大精深和永不衰竭；以其挺拔雄伟、高耸入云的恢弘气魄，彪炳一代中医药学家的丰功伟绩、杰出贡献和不朽勋业。

丛书入选传主，从全国范围推荐遴选，遍及中医药界各个领域。有临床家、理论家、药学家、教育家、医史文献学家；有名师亲授、世医家教、学派传人、院校毕业和自学成才者；有师徒并驾、父子齐名和伉俪联袂者。他们学术造诣深厚、诊疗技术精湛、临床经验丰富、学科地位崇高、科研成果丰硕、医风医德高尚、国内外影响较大，从医学理论到临床实践，为中医药事业的传承和发展作出了突出贡献，是近现代百年来中华中医药界的杰出代表。

丛书的出版，对于弘扬中华文化，振兴中医药事业，造就中医药人才，普及中医药知识，具有重要的现实意义和深远的历史意义。这是一项开创性工作，填补了我国为著名中医药学家大规模撰写传记的空白；也是一项抢救性工作，因入选传主已仙逝过半，许多亲历、亲见、亲闻的史料日见散逸，将之收集整理、编撰成书，功垂后世、利国利民；更是一项承前启后的工作，总结传主经验，传承中医药伟业，继往开来，光耀世界医学之林。这部医文结合，富蕴历史性、学术性、文学性和实用性的鸿篇巨制，对医疗、卫生、科研、教育及全球关注中华中医药文化的各界人士，都有重要的参考和阅读价值。

丛书的编撰出版，是一项巨大的中医药文

化建设工程，在策划、撰写、编辑、出版过程中，自始至终得到了国家有关领导、政府部门及社会各界人士的关心和支持。国家中医药管理局高度重视，并组织专家对全书进行终审；数百名专家、学者亲临指导，参与规划；有关省、市、自治区卫生厅、局、中医局（处）给予大力帮助；传主及其亲属、弟子热情支持、密切配合；撰稿人深情满怀、辛勤笔耕；编审专家尽心竭力、精工细琢；关爱中医药事业的企业家热心公益、慷慨资助；全体工作人员不辞辛劳、无私奉献，这一切使丛书得以顺利出版。对此，我们深表谢意。

由于时间紧迫和资料搜集困难，加之水平有限，难免有疏误之处，敬请广大读者批评指正。

中华中医药学，历史悠久，源远流长，发端于远古，奔向于未来。百年对于历史，不过是短暂的瞬间；百人对于万众，不过是沧海一粟。然本丛书所记载的百年百人，则无疑是波澜壮阔的中医药发展史上辉煌的篇章和光芒闪烁的璀璨星辰。

张镜源

目录

学术无古今、无中外、无你我，以是者为是，非者为非，永远以先进代替落后。

——刘绍武

刘绍武（1907—2004），祖籍山东诸城，全国首批五百名老中医药专家学术经验继承工作指导老师之一，山西省太原市中医研究所研究员、主任医师、内科主任，著名中医临床家。曾任山西省中医学会理事、山西省药品评审委员会委员、太原市中医学术委员会主任、农工民主党太原市委副主任、太原市政协委员、太原市人民代表大会常务委员会委员。

刘绍武业医 80 余载，毕生钻研《素问》、《灵枢》、《伤寒论》、《金匮要略》，旁触历代百家，纵观现代医学。素重哲理之识，更好文史艺术，对自然科学等边缘学科亦无所不览；而且博闻强识，能将许多典籍、医文、中外哲学著作大段大段地背诵，尤其对“四大经典”之一的《伤寒论》更是熟稔，无论何时、何地，无论此书的哪一句、哪一段、哪一证、哪一方、哪一药，都能脱口而出，可谓“倒背如流”。对中医、中西医结合及与哲学的结合，有精要、深邃、独到的见解。

刘绍武医术精湛，医德高尚，名遍三晋，誉满琼州。多家媒体做过报道。《山西日报》头版头条以“妙手医百病，德高不谋私”为题；《太原日报》以“遵医祖古训，怀救苦之心”为题；《健康报》以“高风亮节六十载”为题；《海南日报》以“杏林耆宿”为题；《海南侨报》以“杏林耆宿，高山景止”为题。还有山西电视台、山西广播电台、海南电视台等，多次报道了刘绍武的医学业绩和高尚品质。

20 世纪 90 年代初，海南建省，已 80 余岁高龄的刘绍武，毅然远赴海南，到了海口，在当地组建海南三部六病中医研究所及中医门诊部，以实际行动响应党和国家的号召。他不屑去蹈袭别人走过的平坦旧路，偏向人迹罕至处去独辟蹊径，寻求新的发现。在他看来，大山深处拥帚的松柏竟比尘世间的“流管清丝”更加美妙。大海的涛声、水声，比车水马龙的喧嚣更加悦耳。这是一种境界，也是刘绍武一生执意的追求和信念。刘绍武抛开六七十年久居的“旧”地，虔心地投身到另一块亟待开发的处女地域，对于八十高龄的知名学者而言，人皆谓其“怪哉”。“怪”则怪矣，刘绍武的确是我国近现代一位见解独特、学术风格鲜明、有其一套理论体系，且能够形成一种流派，具有巨大影响的医学家，也是一位充满自主定见、具有特殊性格和非凡毅力的人。

刘绍武毕生不事浮华，俭朴、和善，做事做人脚踏实地。自 20 世纪 80 年代以后，刘绍武的学说日益被国内学术界所认识，经过不断完善，刘绍武的“三部六病”体系日臻成熟。刘绍武对中医传统经典《伤寒杂病论》的研究，自出机杼，独创新说。他结合现代医学理论，对人体概而分之，对疾病括而类之，充实和升华了《伤寒杂病论》的学说。且按此体系，进行了立纲、正误、补缺。通过中西合参的比较、梳理和归类，运用系统论、唯物辩证法的观点，对中医辨证的规范化、论治的规律化和剂型的规格化做了一系列有益的探索和尝试，确立了“定证、定方、定疗程”的原则，将中药按一定的制剂配伍使用，对中药制剂规格化作出了贡献。结合近百年来新的疾病谱，对临床疑难杂症重新认识，并创立了许多有效的治疗方药。

刘绍武常常挂在嘴边的一句话是：“学术是人类智慧的结晶，应该不分古今、中外、你我，以是者为是，非者为非，永远以先进代替落后。”在治学上博采众长、兼收并蓄、常新常进，用他的话说是“前不同于古人，自古人来，而能发展古人；后不同于来者，向来者去，而能启迪来者”。作为一代名医，刘绍武治学的最大特点即在于独辟蹊径，不随波逐流，亦绝不亦步亦趋。“读书贵在疑，小疑则小进，大疑则大进”；“我们应做书本的主人，而不应做书本的奴隶”。

刘绍武一生精研《伤寒杂病论》，师古而不泥古，敢破六经桎梏，敢为天下先，力排众议，独创“三部六病”学说及诊疗体系，融中医理论与临床经验于一体，使之更进一步系统化、规范化、标准化，为发展传统医学作出了杰出贡献。

刘绍武发表过《溃疡病》、《脉管炎》等多篇学术论文，晚年著有《三部六病精义》等著作。其学术思想及诊疗体系，由其次子刘惠生及其弟子宿明良等研制成“刘绍武专家‘三部六病’电子计算机诊疗系统”。该系统第一代、第二代，先后获山西省计算机应用一等奖，山西省科技进步三等奖，全军科技进步二等奖，并获国家专利。

做良医——不畏艰辛，一生勤勉

刘绍武祖辈从山东迁徙山西襄垣县十字道村。其父不识字，以农为生，常年耕种，稍闲时为人看护庄稼，或在粉房帮工，间以植树种果。然而当地居民排外，时遭欺凌，终年节衣缩食，仍度日艰难。因家境贫寒，刘绍武直到13岁才开始上小学。仅一年，刘绍武便读完初小3年的课程，后随兄长入长治第一高小住堂学习。一边学习，一边给人帮工，4年后以优异成绩考入长治中学，终因生活所迫，辍学归田。刘绍武少时体弱，一次患痢疾险些丧生，深感疾病之痛苦，庸医之误人。14岁时曾遇一位乡村医生为家人看病，当时刘绍武问道："看病难不难？”医生回答说：“很难的。”又问道：“您是怎样学会的？”医生笑而未答。难又何惧？看到家人的病痛、庸医之无能，刘绍武遂暗下决心，立志学医：“此生不为良相，便为良医。”

刘绍武一生嗜书，惜时为金。17 岁辍学后，在田间耕作，经常左手拿着书，右手拉犁耙，将拉犁耙的绳子套在脖子上，只顾低头看书，有时把犁耙拉歪了也不知道，常遭父亲斥骂。父亲只希望儿子能写会算，能给家里记个账就行了。有一次，随父种谷，打垅时，只顾低头看书，将墩子滚到了垅背上，父亲就用土坷垃打在他的头上。又有一次，在碾米时，他备好牲口，摊下谷子，便开始读书，而谷子什么时候碾成了米粉，他却浑然不知。年轻时的刘绍武，是家中的主要劳动力，既要田间耕作，又要埋头读书。乡间荒僻，经常买不到书，便向前辈及好友相借，因为约定了时间要还，因此田间便成了刘绍武读书学习的“课堂”。就在这个“课堂”里，刘绍武读完了《医学说约》、《黄帝内经》、《伤寒论》、《金匮要略》、《神农本草经》等医学著作。

刘绍武早年以书为师，自学中医，后为提高医术，遂四处拜师。初入临床时，他每开出处方后，次日清晨天未亮，总要到病人家大门前看一下，是否有白纸贴出，是否吃错药死了人，所幸无此事发生。

1925 年后，为了家庭生计，刘绍武到山西省长治经坊煤矿当学徒，学习会计。当时煤矿周边 40 里无医生，交通不便，这为刘绍武的诊疗实践提供了良好的机会。刘绍武常常用业余时间为百姓诊病，分文不取，由于疗效显著，遂名扬经坊周边。

1928 年，中华书局翻译出版了汤本求真（日本）的《皇汉医学》一书。刘绍武购得，阅后受益匪浅，从中受到《伤寒论》方剂在临床应用的启示，并开始在实践中应用，逐渐走上了“一病一方”和“合病合方”之路，不久便名震上党一带。每次回到家中，病人便蜂拥而至，常常是他离开家后数日，求医者仍络绎不绝。

1930年，23岁的刘绍武与同仁在长治西街创办了友仁医院，附设友仁医社，并任院长和社长，其医德风范众口皆碑。新中国成立前，山西长治地区名医不少，各有“气派”。有的居寓富丽，就诊者多系豪绅巨贾。这些名医的诊费高昂，令人望而却步，有的注明：“门诊大洋一元，出诊城内四元，城外八元，晚上加倍，车费另加。”平民百姓，无法问津。而刘绍武与众不同，犹如平民，平易近人。来求诊的病人，既有慕其医术而来的显贵，也有挣扎在饥饿线上的乡民。友仁医院不似一般名医的医所那样高大宽敞，仅仅是一所不起眼的民房，房前街道两侧是一般店铺，因此很容易找到。刘绍武从来就是黎明即起，洗漱后便开始为早来的病人诊病，早晨经常是在诊闲时匆匆喝一碗小米粥。他坐在堂屋正中的木椅上，前面是一张陈旧洁净的方桌，右方则是供病人就诊的圆凳，堂屋两侧便是坐满了候诊病人的长木凳。病人按到的先后顺序就诊，不分贵贱，遇到呻吟不止的病人，可以提前诊治。遇到衣衫褴褛的穷苦病人，他不仅不收诊费，还要在处方上盖上一个“抓药不收分文”的章，许多穷苦的病人跪地磕头感谢其救命之恩，刘绍武总是双手扶起病人说：“吃剂药就好了。”

为了提高诊疗水平，活跃学术风气，友仁医院附设了“友仁医社”。医社成员大都是来自当地的教员及社会名流，每周两次学术活动，由刘绍武主持、主讲，医社人员的理论水平和医疗技术提高很快。1933 年，长治地区举行了医师资格考试，计划录取 12 名，结果友仁医社占到 10 名，在当时社会影响很大。同年 7 月，由于战乱，政府禁止一切集会活动，举办了

140余次学术活动的友仁医社被迫关闭。之后刘绍武离开友仁医院，又回到经坊煤矿行医。30年代初的长治地区，每隔两年就有一次瘟疫流行，那时几乎家家都有病人，求医者络绎不绝。《伤寒论》的处方效好价廉，这就为刘绍武应用《伤寒论》的方剂提供了极好的机会，从而也练就了他一身的绝技。《伤寒论》的方子越用越熟，思路越来越宽。通过临床的反复验证，刘绍武逐渐对《伤寒论》方剂有了比较全面的理解。这期间，他阅读了大量的《伤寒论》注解版本，对于重新认识《伤寒论》具有重要意义。他认为，《伤寒论》从成书问世，到今天保存下来的宋本《伤寒论》，经历了一段漫长的历史，朝代的更迭，战争的纷繁，使《伤寒论》在复杂而曲折的历史环境中，显晦易变，原书文难觅。唐代孙思邈晚年访江南时，从江南医生的口授、背诵中得到的《伤寒论》条文，只是心记口述，零乱无章，错漏在所难免。虽然归类整理，又经宋代高保衡、孙奇、林亿校订，但现存版本中缺遗、错简、讹字处较多，其根本问题是“纲不系目”。刘绍武遂欲重整《伤寒论》之“六纲”，并提出自己的八字方针，即“立纲、归类、正误、补缺”。从此，刘绍武的《三部六病》学说思想开始萌发。

1939年，日军侵华，家乡沦陷，刘绍武避难于西安，开始了十余年的动荡生活。初到西安，没有经济来源，有时仅靠两三块白薯充饥，无奈只得靠教会救助。后考取了当地行医资格，于1940年3月，在尚仁路公寓一号挂牌行医；1942年参加了南京政府中央考试院的中医师资格证书考试，次年获考试及格证并登报公布。这期间曾与傅仙方（西安中医学会理事长）、王新武（副理事长）、宋紫峰、史寿之等人，共同创编《国医周刊》，每周刊发一次。当时，西安中医学会在600名医生中，挑选60名中医轮流在中医学会坐诊，每人半日，一月轮一次，刘绍武名列第十一名。后因日军进攻潼关，西安疏散人口，刘绍武又被迫迁往甘肃天水避难。1944年，在天水期间，刘绍武又创办了“友仁诊所”，恢复了“友仁医社”，当时医社成员多是逃难来此的同乡和社会名流。医社由刘绍武每天下午主讲，历时1年，讲稿经山西大学理化系主任张辅轩先生记录整理，名为《仲景学术观》、《仲景证治观》、《仲景药能观》，这就是《三部六病》的早期模式，曾拟出版，但1945年日本投降，刘绍武惊喜之际，急于还乡，途中部分原稿失散。

1946年刘绍武自甘肃返乡途经太原，因当时国民党实行交通封锁而未能回到晋东南家乡。于是，便在太原市红市街“济华药庄”坐堂行医。开诊以后，由于疗效显著，就医者甚多。后又因避兵燹辗转银川、兰州，于1947年11月再达天水，继续行医。次年由天水到武威，在当地最大的药庄——“同济药庄”坐堂行医。

1949年11月，华北地区解放。刘绍武回到家乡，在长治西街“同仁诊所”坐诊，研制出“团鱼丸”、“小红丸”等一系列成药，因其药疗效独特，遂医名更盛。

1956年春，刘绍武被太原基督教会个别人诬告，蒙冤入狱，后经审查，认定无罪，出狱后留在太原市“大仁堂药店”坐堂。因其医名大振，被誉为山西“四大名医”（刘绍武、韩玉辉、李学义、李翰卿）之一。

1958年，山西省政府在太原市筹办太原市中医研究所，刘绍武应邀，被任命为“研究员”，出任太原市中医研究所附属医院内科主任。刘绍武病人盈门，日门诊量常在百人以上；同时集科研、教学于一体，为研究所“中医大学班”讲课，为一年一届的“高级西医学习中医提高班”、“中医中级班”等带教。除门诊外，他还主管30张溃疡病病床和20张脉管炎病床，以及科研工作。1964年，他前往北京参加“华北地区中医学术交流会”，会上发表了有关溃疡病和脉管炎的学术论文，受到与会者一致好评。

多年来，除了繁忙的诊务、科研、教学外，刘绍武回家后天天读书到深夜，家中一切由老伴包办。20 世纪 60 年代，国家遭受自然灾害，生活物资显著匮乏，市场上粮、油、肉、布、糖、豆腐等都是凭本、凭票供应，而且数量有限。当时刘绍武还是享受政府特供照顾的人员，然而他却对这些生活上的事一无所知。一次老伴工作较忙，让刘绍武去买粮，可刘绍武竟然不知道买粮需要用粮票与粮本，多亏卖粮的工作人员因其高超的医术认出他，先让他将粮买回，再请老伴将粮票补上，才避免了差点连粮都买不回家的难堪局面。又一次，老伴让刘绍武下班顺路买棵白菜，没想到买白菜要排长队。为了节省时间，刘绍武竟花一毛钱买回了一堆白菜帮子，让老伴不知道说什么好。研究所离刘绍武家只有两里路，因为病人多，他每天中午都是将近1时才能下班，而1时50分左右就又返回诊室，所以他常常是快步如小跑地回家，匆匆吃点儿便饭，或者是骑一辆为了节省时间而经常不擦洗的旧自行车上下班，经年累月，风雨无阻。刘绍武居住的屋子很小，约12平方米，屋内放有一张双人床，还有一张只有一个抽屉既用来当饭桌又用来写字的旧桌子，两把折叠椅摆放在桌子两旁，墙角一台缝纫机上下和床下都堆满了书籍，紧挨着门窗处放着一个小的黑铁炉子，用来做饭、取暖。一张帆布木制的旧躺椅成了刘绍武休息、思考的“办公椅”，他常常为思索一个新的诊治方案，或创立一个有效的治疗处方，而突然激动地从躺椅上坐起来，双手拍着大腿兴奋地说：“哎呀，这真是一个好法子呀!”在这个简陋的小屋里，躺椅竟成了刘绍武学术研究的摇篮。刘绍武几乎几十年不进商场，几十年不买东西，平生交际不广，总是埋头治学，读书、接诊、治病，这些似乎就是他生活的全部。

1962 年，在山西太原中医学会，刘绍武与山西名医李翰卿同讲《伤寒论》，因其用“三部六病”学说主讲，曾遭人指责为“离经叛道”、“割裂经文”、“标新立异”。半年后，李翰卿离开讲坛，后半部分《伤寒论》全由刘绍武主讲。1959～1962 年期间，太原第九中学党委书记李子魁先生，仰慕刘绍武精湛的医术，主动帮助他整理资料，按照“立纲、归类、正误、补缺”八字方针，对《伤寒论》和《金匮要略》进行了归纳、整理，将《仲景学术观》再次重新编写。1972 年，刘绍武在参加太原市古交区巡回医疗期间，首次向医学界讲述了“三部六病”学说及其诊疗方法。

刘绍武在临床中辨证准确，处方精当。作为一个临床大家，医院的顶梁柱，刘绍武每天要面对头天夜里便来排队、夜间则席地而卧的百余人的门诊量，常年如此。但在“十年动乱”

期间，他却被诬为“反动学术权威”，遣送原籍劳动改造。由于刘绍武在家乡的名声很大，回到家乡后，每天天未亮，家里的大院内外就站满了四面八方来求医的患者。遣乡28天后，因省委领导欲请刘绍武诊病，研究所只好又将刘绍武从农村召回，随后又叫刘绍武回所上班。他先后被派去粉刷院墙，打扫厕所，挖防空洞，清理河沙淤泥等，干既脏又累的活。患者听说刘绍武返回，遂蜂拥而至。刘绍武每日诊病百余人。由于长期超负荷工作，1975年12月6日上午，刘绍武晕倒在工作岗位上。病休后，在家调养，服中药治疗，同时继续研究“三部六病”学说。

1981年，刘绍武重返工作岗位，直至退休后多年，仍被研究所返聘，每周出3个上午门诊，每次诊治患者百余人。

1992年9月底，刘绍武移居海南省海口市，直至2004年12月2日逝世，享年98岁。

精伤寒——辨证务求准，药用必心细

刘绍武毕生研究《伤寒论》，对张仲景的辨证方法，如推理定证、以治求证、以证求证、以日推证、以脉测证，以及用方遣药，如寒热并用、升降并用、收散同用、补泻兼施等法，理解得十分透彻，应用得极为熟练。

推理定证。刘绍武认为，对于临床复杂的病症，首先要辨别其属性，然后根据表现的证候推理判断、分析综合才能得出结论。例如《伤寒论》148 条："伤寒五六日，头汗出，微恶寒，手足冷，心下满，口不欲食，大便硬，脉细者……脉虽沉紧（细），不得为少阴病。所以然者，今头汗出，故知非少阴也，可予小柴胡汤，设不了了者，得屎而解。”此条文即通过推理，将诸症定为小柴胡汤证。以“得屎而解”为疗效。他曾治疗一男性患者，34岁，头汗出两年，每于夜间将枕头浸湿，久治无效，遵《伤寒论》101条，有柴胡证，但见一症便是，不必悉具，予小柴胡汤5剂而愈。

以证求证。《伤寒论》237条：“阳明病，其人喜忘者，必有蓄血，所以然者，本久有瘀血，故令喜忘，屎虽硬，大便反易，其色必黑者，宜抵当汤下之。”此条蓄血证，临床多无明显症状，不易诊断，胃肠道症状不明显，所表现的就是“喜忘”。以“喜忘”推其有蓄血证，而行阳明论治。1976年，刘绍武曾治一男性患者，50岁，头脑不清，“喜忘”5年，常不识路，不认家门，语声高亢，睡眠时鼾声如雷，予以桃仁承气汤合白虎汤10剂，头脑转清，记忆恢复，善后调理两月，如常人。

寒热并用。所谓寒热并用，是指寒热异性

的药物合并使用，在八法中属温清两法，也称温清并用。《素问·至真要大论》云：“奇之不去则偶之，是谓重方。偶之不去，则反佐以取之，所谓寒热温凉，反从其病也。”《伤寒论》面对复杂多变的病情，组方无不考虑到疾病的寒热虚实和药物的相互作用。刘绍武平生治表寒里热证，表寒当用温热药散之，但里有热则恐其助热，里热当用寒凉药清之，但纯用清热又顾其表寒不解。是故寒热并投，外散表寒，内清里热，表里双解。如《伤寒论》38 条“太阳中风，脉浮紧，发热恶寒，身疼痛，不汗出而烦躁者，大青龙汤主之”；《伤寒论》27 条“太阳病，发热恶寒，热多寒少，脉微弱者，此无阳也，不可发汗，宜桂枝二越婢一汤”。二者虽病因不同，但外寒里热的病机是相同的，因此皆用麻黄、桂枝辛温解表，生石膏辛寒以清里热，共奏表里双解之功。此种配伍方法，对外寒入里化热的诊治，极具指导意义。刘绍武曾治一高中学生，冬季军训过冰河，引起下肢无汗奇痒，治 3 年无效，用大青龙汤 3 剂汗出而解。临床常用柴胡桂枝各半汤加减治疗感冒，柴胡、黄芩与桂枝、生姜并用，寒热并用和解表里，非常有效。

清上温下法，刘绍武多用于治疗上热下寒之证。上热下寒是临床较为常见的寒热错杂证。《伤寒论》173 条云："伤寒胸中有热，胃中有邪气，腹中痛，欲呕吐者，黄连汤主之。"方以黄连苦寒清胸中之热（上热）；干姜、桂枝辛温以温下寒（下利），桂枝还能宣通上下，半夏辛开结气，降逆和胃，人参、甘草、大枣补益脾胃以调升降。《伤寒论》80 条云："伤寒，医以丸药大下之，身热不去，微烦者，栀子干姜汤主之。"此乃表证误下，邪热内陷胸膈，又见脾虚中寒下利，以苦寒之栀子清胸膈之热，辛热之干姜温中散寒，药虽两味，最能体现仲景寒热并用之法度。此外，《伤寒论》338 条乌梅丸治上热下寒之蛔厥；《伤寒论》357 条麻黄升麻汤，以寒凉之石膏、黄芩、知母与辛温之麻黄、桂枝、干姜配伍，上清肺咽，下温脾阳止利；《伤寒论》359 条干姜黄芩黄连人参汤，以黄连、黄芩苦寒清热，干姜温散下寒，人参健脾，都是寒热并用、清上温下的方剂，临床中广泛应用。如慢性肠炎患者腹痛便溏肠中有寒，复见慢性胃炎胃中灼热，黄连、干姜同用，上可清胃热，下可止腹泻，疗效确实。刘绍武曾治一山西大同女性患者，30 岁，食入即吐，治 3 个月无效。诊时面颊嫩红，口干舌燥，腹胀时痛，予黄连汤两剂而愈。

辛开苦降。辛开苦降这种方法，刘绍武多用于痞证。痞的主症为“心下痞，按之濡，但满而不痛”。其病机是寒热错杂，互结中焦，气机痞塞。《伤寒论》149 条、157 条、158 条对痞证作了具体的阐述。149 条“伤寒五六日，呕而发热者，柴胡汤证具，而以他药下之，但满而不痛者，此为痞，柴胡不中与之，宜半夏泻心汤”，此乃误用下法，伤及脾胃，寒热错杂中焦，脾胃升降失司而致心下痞满。以半夏、干姜辛温燥湿，治中焦之寒；黄芩、黄连苦寒降泄，清中焦之热；人参、大枣、甘草甘温疗中焦之虚。如此寒热并调，辛开苦降，则脾升胃降，痞满自愈。其成为治疗痞满之法门。尤其是用于治疗功能性消化不良、胃食管反流、慢性胃炎之痞满属于寒热错杂者，屡用屡效。《伤寒论》第157条生姜泻心汤，是治疗寒热互结、脾胃虚弱、夹食停饮之痞。“伤寒汗出，解之后，胃中不和，心下痞硬，干噫食臭，胁下有水气，腹中雷鸣，下利者，生姜泻心汤主之”，即半夏泻心汤减干姜用量，加生姜而成，散水气止呕之力增强。158条甘草泻心汤，是下后脾胃俱虚、寒热错杂、痞利俱盛者，以半夏泻心汤加重甘草用量，以增强补中益气之功。刘绍武认为，这三方实际上是同一治法的三种加减，针对的是寒热互结、上下痞塞的病机。寒热并用、辛开苦降是治疗脾胃病中焦痞满的基本方法。

收散同用，补泻兼施。《伤寒论》第107条云："伤寒八九日，下之，胸满、烦惊、小便不利、一身尽重、不可转侧者，柴胡加龙骨牡蛎汤主之。"刘绍武认为，此方用柴胡散，牡蛎收，人参补，大黄泻，诸药相伍，使胸满烦惊诸症解，心气收，正气足，邪滞出，确为临证之良方。刘绍武常用此方治疗一些精神方面的疾病。曾治一女性患者，55岁，车祸后经常出现惊惶，恐惧，悲伤欲哭，甚至出现幻觉，不知饥饱，以柴胡加龙骨牡蛎汤合桃仁承气汤、甘麦大枣汤治疗，10剂后症状缓解，善后调理，1个月痊愈。

刘绍武认为，仲景的组方学，具有很强的实践性，这与当时的社会环境有着紧密的联系。在汉代，没有专门的药店，医师和徒弟均自备药物，到病者家中行医，治好后再走，或住进一个村庄，住一段时间再迁居。那时，医药不分家，常常是医师诊病后，自己亲自到山上采药，这样对药物的组方、用量、炮制就有详细的了解，并对患者用药后的病情转归有全面的观察。仲景方非常严谨，我们只有继承好，才能谈及发扬。方剂不是随便凑药物，方剂的宗旨是使数种药物有机地结合起来，发挥治疗功能。随便加减药物，在军事上叫乌合之众，在医学上叫汇集本草，不会收到良好的效果。科学的发展，开阔了人的眼界，中药含有许多化学成分，组成方剂会发生难以预料的变化。一个好的方剂是经过多少次临床检验，优者继承，劣者淘汰，而最终证实其疗效的。治疗各种病证，须经周密的辨证施治，选用最有效的方剂。各个方剂中，药物的药量都有一个最佳比例，治疗有一个最佳效果。例如桂枝汤，本治表，但方中芍药用量加倍，则成为桂枝加芍药汤，即由治表转为治里，因为桂枝和芍药互相制约，在桂枝汤中两药配伍，只能在表部起作用，桂枝表散而芍药收敛，如将芍药加倍，芍药占优势，失去原有的平衡，则转而作用于里，以治疗腹满时痛；又如桂枝汤证，下后出现“脉促胸满”则不用芍药……总之用药量的多少，同时由病位、病性、病证决定。在临床中，刘绍武常常根据病情的轻重，决定用药的剂量。如有时治肩凝痹痛，用葛根可达 120g；治中风后遗症，用黄芪可达 120g；治手足逆冷或阳痿病人，细辛可用至 10g；治外感需表里双解时，柴胡用量达 60g；治脏躁时大枣用 30 枚；高热不退，石膏用 120g……当然，也有轻药轻用的时候，用药因人而异，因证而施。治病多方选用主方，多药选用主药，多症选治主症，用药犹如用兵，有时攻，有时守，有时攻守兼施，有时速战速决，常出奇而制胜，这是刘绍武临床的一大特色。

刘绍武一生精研《伤寒论》，临证立法、处方不离伤寒，但治学不拘一格，无门户之见，无中外之分，钻研旧学，吸收新知，博采众家。凡一技之长者可取，一药之效者可用，故虽圣贤所述，不切于理者不取，不验于事者不信，常曰："十八反不反，十九畏不畏。"如在《十九畏歌》中有"人参最怕五灵脂"的说法，因此一些人总不敢把人参和五灵脂共享，但刘绍武在其临床治疗中常伍用而获良效。他认为，相畏是药物七情之一，是指药物的相互抑制，这种抑制使一些有毒的药物通过配伍应用去除或降低有害的作用，去其弊端，有相辅相成的一面。另外也可通过抑制，使一些药效降低，有坏的一面，但相畏在配方上并非是禁用，这是一。二是历史上配方多有人参、五灵脂共享，如名药"定坤丹"中就有人参、五灵脂，而此方又导源于《妇人大全良方》的"续嗣降生丹"。清代张路玉的"沉香丸"里也用了人参和五灵脂。三是人参和五灵脂相伍有相助的作用，清代余听鸿的《外证医案汇编》里曾写道：“正虚血凝，灵脂遇人参，其攻瘀之力更速。瘀去正安，恐正气不接，故赖人参以续之。”可见人参配五灵脂，犹如热药和凉药共享一样，是有利而无弊的，不必惧忌。

做学问——采百家之蕊，酿自己之蜜

刘绍武多次自勉并向学生们传授："做学问，就像蜜蜂，采百家之蕊，酿自己之蜜。"他一生饱览医籍，尤重《伤寒论》。他从张仲景撰写《伤寒论》的历史背景，到后人注释，都作了大量的研究考证。

考辨讹误，订定《伤寒论》。东汉末年，战争频繁，瘟疫流行，到处是"白骨露于野，千里无鸡鸣"的惨状，正如《曹集诠评》中曹植曾记载："建安二十二年，疠气流行，家家有僵尸之痛，室室有号泣之哀，或阖门而殪，或覆族而丧。"张仲景也正是在这种"余宗族素多，向余二百，建安纪年以来，犹未十稔，其死亡者，三分有二，伤寒十居其七”的惨状下撰写《伤寒杂病论》的。东汉时期，文学发展到了很高水平，尤以散文见著。散文的优点是言简意赅，这与当时的历史条件较差有关。虽已有蔡伦发明造纸，但纸的质地粗糙，而且数量亦少，人们多在绸缎上书写或竹简上刻写，这就要求文章必须写得精练，如《伤寒论》107 条中“胸满烦惊”，虽然仅 4 字，却分别代表了疾病的部位及 3 个不同的病症，从文字角度看，真可谓一字一珠。

东汉散文的另一特点就是伏笔、补笔互用，潜明其义。这一点在《伤寒论》的撰写上，也有痕迹可寻。如《伤寒论》原文 63 条：“发汗后，不可更行桂枝汤，汗出而喘，无大热者，可与麻黄杏仁石膏甘草汤。”条文中“发汗后”将发汗前证治做了伏笔，“更”字将发汗前的证治做了补笔，说明发汗前似桂枝汤证，用了桂枝汤，又“汗出而喘”做伏笔，说明“可与麻杏石甘汤”一语双关，道出本病，指出开始就是麻杏石甘汤证……这种伏笔、补笔互用在其他条文中亦很多见。

《伤寒论》自问世以来，历代先后有420多位医家为其注疏。刘绍武说：“这对中医学的发展起到了一定的促进作用，但也带来很大的弊端。古人注疏的准则是注不破经，疏不破注，这个原则是对的，从尊重历史的角度看，不增不减，是保持历史文献的原貌。历史的东西是客观存在的，其书中的正确与谬误，是与非，不能随意更动，改变了原文就等于改变了历史事实。然而，由于历史的原因，今天我们看到的由王叔和整理编著，经过多年战乱、遗失，虽后经唐代孙思邈整理归纳，宋代林亿、高保衡等人校对的《伤寒论》，已非原本，缺、简、讹随处可见，又加之注疏者各抒己见，或是假借运气、附会岁露，或以六经论伤寒，多使后学者迷茫、朦胧而无所适从，因此有必要对

《伤寒论》进行整理，立纲、归类、正误、补缺，使之符合历史事实。”这样做的目的，“是让今人读起来，浅显易懂，以指导临床实践”。

刘绍武认为，《伤寒论》原著中讲到的“经”不是“六经”辨证之“经”。考“六经”之说，无论是朱肱首创之六经，还是张景岳、汪琥等人从而和之，并推广为手足十二经，均指经络，不同意这种看法的人也很多，如方有执、柯韵伯、恽铁樵等则认为仲景之“六经”是言“部”，言“经界之经”，言“症状”的。就人体而言，无论在生理功能上还是病理变化上，或是诊断治疗上都有重要的意义，一切疾病，在病理上或转化过程中都有经络的参与，这是不容置疑的。因为经络有运行气血、联络脏腑、沟通表里上下内外的作用，也是病邪出入的通路，但是绝不容许把病邪传变的途径与证候类型的划分混为一谈。

从《伤寒论》原文“六病脉证并治”看，

“六病”，实为六组证候群分类。398 条中，粗略统计，言太阳病、阳明病、少阳病、太阴病、少阴病、厥阴病者共 137 条，其中涉及“经”字的条文只有 13 条，并且其中的经，或讲药理，或谈病理，或叙病状，都不能做“辨证”的“经”的根据。何况在临床实践中，常常是注重疾病在某一部位的证候群，并以此辨证施治，而从经络传变，往往不知从何论治。

另《伤寒论》原文中找不到“六经”立论的有力依据，相反的倒有 137 个条文谈“病”，更何况各篇之标题就是称“病”而不称“经”，依照原著中称作“六病”，在学习中反觉得明白晓畅，应用上简捷方便，因此“六经”应作“六病”解。

在谈到经方的应用时，刘绍武说：“经方的方证相应说，实质也是强调辨证的整体观念，方必须与证相应，证以方名，方以证立，方随证转。临床上要重视抓主症，但更要注意结合患者的整体状况予以辨证。有斯证则用斯方，无斯证则不用斯方，不可顾此失彼，一叶障目。”

刘绍武在总结一生学仲景书、用仲景方的体会时，认为仲景之书在流传过程中难免有传抄之误。如《太阳病》篇56条“伤寒不大便六七日”一条有注家明确指出，“仲景书安得无传写之误也”，又于《太阳病》篇53条“病常自汗出”一条有注家说，“本论（《伤寒论》）为后人笔削”。故在研究仲景著作时参照了多个版本、传本及庞安时、严器之等各家观点，并广泛运用版本学和校勘学方法。

对一些条文证治及用方作出补缺，如296条原文：“少阴病，吐利，躁烦，四逆者，死。”此正仲景吴茱萸汤证，“不当不治，仍灸太溪”。

对于仲景有证无方的条文，刘绍武或引用严器之、庞安时、孙思邈等人观点，或提出自己看法，为伤寒病证补充治法或用方，总计

242处。其中正文及伤寒例中增补134处，“诸可与不可”部分增补108处（与正文有重复）。这些补充，是对仲景学术思想的进一步完善，为学习《伤寒论》提供了更多依据、思路和方法。相对于后世一些盲目推崇仲景、对于《伤寒论》条文一字不敢易者，刘绍武的态度是科学的、客观的。

哲医融——论自然演化，创协调疗法

刘绍武积80余年临床经验，对中医、中西医结合及与哲学的结合，有精要深邃的认识。他在哲学思维基础上，用辩证唯物主义哲学，与中国传统哲学理念和中国医学精髓结合，认为中医学是中国文化的形式之一，中医学的形式必然表现出中国哲学的基本原理。就自在的中国哲学的基本原理和自为的中医学形式的关系所作的研究，表明中医学的思维方式在与中国哲学的基本规律的统一中展现出了文化上的基本意义。

刘绍武认为，西方科学和中国文化对整体性、协调性的理解和结合，将导致产生新的自然哲学观。而这个理想体现在医学上，就是未来的中医现代化方向。刘绍武在哲学思维基础上，广泛涉猎，对恩格斯、列宁的哲学思想悉心钻研，将辩证唯物主义哲学与中国传统哲学理念和中医学精髓结合，为中医事业作出了杰出贡献。他认为，中医学有独特的理论，《黄帝内经》、《伤寒论》等典籍，是中医理论体系以辩证法为内核的结晶，必须认真继承和发展。刘绍武对《伤寒论》的精深研究，对其中的一些理论问题所作的精辟阐发，体现了他独立思考、卓尔不群、师古不泥古的精神。

中医学是中国文化的重要组成部分，由于中国哲学是本体论、认识论和方法论的统一，因此中医学的形式必然表现出中国哲学的基本原理。中医学的思维方式即哲学基础问题，是近代以来哲学研究的重要内容之一。但是，由于近代以来的“西学东渐”产生的中体西用的思想，对中医学的哲学研究无不以西方哲学的思维方式、概念进行西化式的疏解。所以，就研究结果而言，由于脱离了自在的中国文化的基础，一些结果根本不是中国哲学或中医哲学的本来面目。

刘绍武一生精研医术、通晓哲理，研究、实践中医学，接受辩证唯物主义，在对中国哲学的研究中，在以时空的认识论原理对中国的知识系统进行反思中，发现在中国的知识形式中，《易经》是中国哲学的基础，而中医学是运用中国哲学思维所产生的最成熟的知识形式，从中医学中可以反映出中国哲学的本质，即所谓“医易相通”。就中国哲学的主体性而言，对应和中者，是人应天地而和于中也。而人体中之中者，以藏象论之，是脾胃；以五行论之，是中土；以三焦论之，是中焦。而和于中者，是人体健康之象；而偏离于中者，则疾病而生。刘绍武常常朗口而念恩格斯在《自然辩证法》中说的那句话：“不管自然科学家采取什么样的态度，他们还得受哲学的支配。问题在于他们是愿意受某种坏的时髦哲学支配，还是愿意受一种建立在通晓思维的历史和成就的基础理论思维的支配。”“辩证法不知道什么是绝对分明和固定不变的界限，不知道什么是无条件的，普遍有效的‘非此即彼’……除了‘非此即彼’，又在适当地方承认‘亦此亦彼’。一切差异都在中间阶段融合，一切对立都经过中间环节而相互过渡。”刘绍武认为，人体的疾病，尤其是杂病，在功能上或整体与局部关系上的失调，也是一种“差异”，这种差异，经过普遍的、肯定的协调，也可以在中间阶段融合，在相互过渡中达到新的、相对的平衡。

基于上述认识，刘绍武认为，治疗内伤杂病的主要方法是协调疗法。他将人与宇宙作为一个大系统来研究，将这个大系统的要素分为三个方面，即“天、地、人”。研究这个大系统中“天、地、人”的运动发展规律，“天生、地长、人治”是它的基本思想。“天、地、人”协调发展是宇宙正常发展的基础；当“天、地、人”无论哪一要素的变化足以影响大系统时，则大系统就要发生变化。反之，大系统的变化也将影响各要素的发展变化。这种将一个系统分为“三要素”的观点，在《伤寒论》中就有所体现。在其“三部六病”学说中就更明确地将人体分成了三个子系统，即人体是由“表、中、里”三部组成，每部分作为整体要素之一，它的变化和发展到一定程度时就会影响人体这个大系统的变化与发展。刘绍武这种将人体这个大系统分作三要素的方法，与充满中国古代哲学思想的《周易》哲学观是一脉相通的。《周易》和老子《道德经》中的“道生一，一生二，二生三，三生万物”的思想在《三部六病》中也有所体现。

“道生一”是指一个系统事物的产生是由一定的规律（道）而产生的；“一生二”是指产生

了一定事物或系统后，这个事物或系统已处在一个阴阳对立之中。但单纯的阴阳对立不能构成事物的系统，只有阴阳的统一才能形成特定的事物或系统，这种对立与统一是由阴阳双方决定的，这就是“道生一，一生二”。内伤杂病的病因病机，绝大部分是机体阴阳、气血、功能的失调。《素问·生气通天论》云：“阴平阳秘，精神乃治。”治者，通平，机体的功能不达到“治平”，便会发生疾病。人体是一个整体，任何疾病，即使是局部的，也会影响到整体。

两千余年来，中医学在长期的实践过程中，逐渐形成了一套整体观念。这一点，比那些在具体运动形式上注意的多、在整体规律上认识的少的自然学科，意义要积极得多。整体并不是组成部分简单的组合，这里存在着极其复杂的系统调节。刘绍武多年的临床实践证明了一条规律，即：没有整体的协调，就不会有局部症状的改善。作为中医学的文化形式而言，其本质性与中国文化的形式及本质性是统一的。

刘绍武创立的协调疗法重在调和阴阳，意在顺应自然，通过整体阴阳气血的协调，达到局部症状的改善，其临床效应主要表现在：①显示增强人体自然疗能，提高自动化能力；②显示双向调控的作用；③显示恢复机体模式化的作用；④显示治疗和预防的双重效能，提高机体免疫功能，既有治疗之功，也有防病之效。总之使失调的功能得以重建和恢复，以达到祛病或截断疾病的发展、恢复健康的目的。

刘绍武认为，中医学的优势表现在哲学思维上，中医学的成就是中国哲学思维所造成的。因此，正是在中国文化及哲学的统一下所生成的中医学本体论，使中医学的医学理论和实践在历史上取得了辉煌的成就，在当代社会中发挥着重要的作用，并将成为人类医学继续发展的相当重要的参照系。

刘绍武认为，近百年来，试图消灭中医是

失败了，但改造中医，某种意义上说，是成功了。表面上中医是发展了，但真正中医的内涵却日渐缩小，西医的成分越来越多。从历史的经验来看，中医药是最具中国特色的哲学文化形态，发展中医药要以中医为主，按照中医药自身的发展规律，坚定地走自己的路。欲流之远者，必浚其源。中医理论是中医学特色的体现，它的理论模式不同于西医学，对生命、疾病的本质和规律描述与认识有自己的见解，拥有一套从天地的哲学大视野对人体“三部六病”的整体考察及其理论。但传统中医学缺乏定量分析和实验，西医学则有机械唯物论和缺乏整体统一的缺点。近百年来，中西医比较说，是个十分风行的话题。坚守中医壁垒者认为，中医学哲学辨证思维的光辉，理应优于西医；而崇尚欧化者则提出，当今科学发展日新月异，而中医则固守传统，自难取得新的长足发展。这些争论，虽各自从彼此的比较中得出，毕竟带有较强的感情色彩，所以势难得到客观公正的评判。客观公正地评判、比较中西医的异同，自有多种不同角度。

在生理上，西医的优势在于从五脏六腑、器官组织、血液神经、肌肉骨骼等形质上论述客观功能，进行客观细致的科学研究和分析。中医虽说也有解剖，并且起源极早，但是中医学并没有沿着解剖研究的方向发展自己的理论，而是逐渐形成了一套独特的、抽象的生理模型。为此，中医解释心的功能，可以超出心的范围；解释肝的功能，可以超于肝的个体。就病理而言，西医认为有器质性和功能性的不同，并且注重追查实际的病根。而中医则从综合思辨的角度，把人体的一切病理变化，纳入到“病机十九条”的范畴中去。在中医临床医学方面，对这些理论更有较多的发展补充，如：阴阳失调、邪正相争、气血津液失调等等。

在健康状态下，人体处在“阴平阳秘”的

相对稳定状态。这种状态，实质上是一种哲学状态，在表现形式上，是稳定状态。当这种稳定状态一旦遭到破坏，人体就进入病理状态。毋庸讳言，辨证施治虽有其特长，然而借鉴西医现代化的诊断设备，更能弥补中医辨证的不足。

刘绍武认为，中医以天然药物为主，西医以生化药物为主。西药的优点是方便，长于急救；中药的优点是处方加减灵活，长于调养。就现象而说，两者形式虽然不同，理论体系有很大的差异，但两者都是科学。随着自然科学的发展，在现代科技日新月异的情况下，从总体来看，在整体的医学哲学模式、理论体系、辨证方法、特殊手段、药物配伍等方面，中医药学仍具有西医西药所无法替代的优势。现代医学感到棘手的某些常见病、危重病和疑难病，如病毒感染性疾病、免疫性疾病、内分泌疾病、心脑血管疾病、哮喘、慢性肝肾疾病、神经系统疾病、老年病、再生障碍性贫血、晚期癌症等，刘绍武采用中药治疗，每每能够取得满意的疗效。

有人说，中医是辨证的，如果和现代医学采用相同的病名，会不会丢掉中医的辨证论治呢？刘绍武认为，这里有一个很值得深思的问题。举个例子来讲，同一冠心病，出现了心律失常就调节心律，出现了心衰就抢救心衰。中医与现代医学采用相同的病名，并不会丢掉中医之辨证论治，只不过与西医学相比较，我们是采用中医中药治疗就是了，而在辨证论治上，中西医实际上是相通的。

刘绍武多次强调，中医现代化必须坚持“古为今用”、“洋为中用”的原则。中医理论的现代化、工具的现代化大部分是“洋为中用”，而坚持中医学的辨证论治，则是“古为今用”。因为辨证论治是中医学的精华。中医学在几千年的临床实践中，积累了大量的辨证论治经验，但是，毋庸讳言，传统中医学的辨证论治缺乏系统化和条理化，常可见理论之间矛盾和重复，故有必要对之整理，重新建立具有连接性的理论体系。例如：胆既归入五脏之腑，又归于奇恒之腑，应如何整理？又如伤寒和温病理论如何统一？这些都应毫无矛盾地整理进理论连贯的体系中去。

中医现代化不同于中西医结合。中西医结合是讲中西医平衡，不存在以哪个为主导的问题，而中医现代化则是以中医辨证论治为主导，对西医先进的、合理的部分可以采取“拿来主义”，洋为中用。因此，刘绍武说，我们要将中外知识进行融合，创造具有民族形式、民族风格的祖国新医学，“三部六病”学说走的正是这条路子。它既要符合现代医学科学理论，又要符合中医学传统的哲学理论，创造一个具有民族形式和民族风格的理论体系。它不同于外国的，也不同于中国传统的，但它是中国的。

刘绍武指出，在中国这块古老的土地上，目前有两种基本医学模式存在，一是在中国古代哲学思想指导下，用“司外揣内”的“黑箱”方法，通过改变系统的输入和输出来调节系统的状态建立起来的传统医学，简称中医学；另一种是文艺复兴以后，西方医学吸纳实验科学的成就，经过嬗变之后而建立起来的、与时代科学技术发展同步的西方医学体系，简称西医学。中医学体系的形成大约在春秋战国时期，是以《黄帝内经》为标志，说明中国古代的医学已经形成比较完整的医学体系。这时的医疗是以经络学说为指导、以针灸治疗为主要手段的医学活动时期。在《黄帝内经》中，其哲学指导思想是《易经》，形成了一部哲学内容十分丰富的医学著作，这也是将中医称为哲学医学的主要依据。到了东汉末年，临床医学则出现了以张仲景《伤寒论》为代表的全新医学体系。在《伤寒论》中，以汤方辨证论治为临床主要医疗手段，与《黄帝内经》时代有了明显的进步和差别。《伤寒论》对于临床诊断治疗过程有了明确的规范，这就是六病辨证论治。《伤寒论》的辨证论治方法至今在中医临床中广泛应用。《伤寒论》以后，中医理论的发展，基本上保持着《黄帝内经》和《伤寒论》的格局延续至今。中医现在仍然是以阴阳五行学说为指导，保持着整体论的特色。刘绍武认为，中医经过两千多年的发展，有过非常辉煌的时期，为人类健康作出了巨大的贡献。直至今天，在某些疾病的治疗上，仍然处于领先的地位。然而，在经过近百年的中西医学相遇与碰撞、汇通与结合的浪潮以后，中医仍然存在着一些令人担忧的问题。如何让中医得到长足的发展，仍需作出极大的努力。

刘绍武认为，中国古代的哲学思想丰富多彩，应该以《周易》为代表，这不仅是因为它源远流长，更因为它影响巨大，贯穿整个中华民族的文明史，至今仍然在影响着中国的人文理念。现今社会上又比较盛行，且其玄妙性被赋予了不少神秘色彩，借占卜之术向人行骗者大有人在。不过，我们应当汲取其哲理的精髓，“取物比象”、“万物交感”、“发展变化”是其思想主线，其中充满了系统论思想和辩证法思想。在中国古代，人类的生产劳动过程是极其简单的，没有大型机械和精密仪器，在他们观察的视野里，只有天、地、人（包括各种生命体）。《易经》主要架构是：太极－两仪－四象－八卦－六十四卦。用这样的哲学观看待自然界和生命体时，无疑是一种正确的哲学观点，其中隐藏着系统论思想和辩证法思想。只要明白“生生之为易”的哲学含义就可以了。阴阳学说是中国哲学的主要组成部分，如果说《易经》是讨论事物生成本源的，那么，阴阳学说则是论述事物属性的。《易经》阴阳爻是事物属性最简单和最形象的表述。阴阳爻的含义是古人对于观察事物性质的高度抽象，“一阴一阳之为道”。所以，阴阳代表一切事物属性的本质，阴阳学说的基本思想是正确的，因此，直到今天仍然是比较正确的哲学。

刘绍武构想的医学，是从整体出发去探讨各个部分的变化规律，以及各个部分对整体最有意义的是什么。所以要对中西医学内容进行全面的梳理和整合，必须在一个实体框架下来完成，这个实体框架就是人体。医学研究的一切问题必须以人体生命的实际存在为依据，研究的成果必须在人体的生命过程中得到验证，疾病的诊断结论和治疗效果必须以临床来检验。

创新见——三部分表里、六病论阴阳、四脉定证、辨证定方

刘绍武认为，人体是一个有机的整体，由骨骼、肌肉、气血、神经等不同的组织组成。它们互相制约、互相依存、协调一致，体现着人的生理功能，维持着人的新陈代谢。人体的结构虽然很复杂，但从整体的观念上看，人有暴露于自然界的外层，有包裹在里的内层，有介于内外之间的实质层。这三个部分构成三个系统，分担着整体的功能，三部分综合构成整体。

刘绍武的“三部六病”学说，把整体划分为三个部分，或称三大系统，即表部、中部、里部。三部的划分来源于《伤寒杂病论》，但较

《伤寒杂病论》的概念和范围更明确。表部：指机体与大气接触并与之发生关系的部分，包括体表与呼吸系统。主要功能是司呼吸而进行气体交换，司汗腺开阖而维持体温相对稳定，卫外而防止病邪侵害，传信息而参与机体阴阳平衡调节。里部：指机体与饮食接触并与之发生关系的部分，包括整个消化系统。主要功能是摄入食物并进行消化、吸收、排泄，供给整个机体所需的营养物质，同时也具有防御病邪入侵和参与机体阴阳平衡调节的作用。中部（半表半里部）：指除外表、里两部的机体，以血液、循环、神经、内分泌系统为主。主要功能是通过血液循环，供给机体从表、里两部所摄取的养分，运送各组织的代谢产物，经特定的脏腑排出体外，还能防止表、里两部外邪的入侵和消除已经进入血液的有害物质；通过神经系统的控制使一切脏器的功能活动协调。中部以气血为中心，通过气血的循行，沟通表里，濡养内外，贯通上下，使机体成为一个有机整体。

“三部”在机体中遵循一定的顺序性和动态平衡性向前发展着，保持着各部特有的功能。“三部”不能说哪一部占优势，而是全面地、协调地、均衡地为整体而保持着各自的生理功能。如表部肺的节律性呼吸，皮肤汗腺的适时性开阖，里部的顺序性消化吸收和排泄，半表半里部规律性地周而复始的循环，凡此种种，都可表明三部系统的有序性和平衡性。

按“三部”的划分标准，机体在疾病时，每部都可能有阴阳两种不同病性的表现形式，“三部”就可能有六类阴阳属性不同的证候群，这六种不同的证候群就称之为“六病”，即表部的太阳病和厥阴病，中部的少阳病和少阴病，里部的阳明病和太阴病。

“证”是中医论治的依据，是疾病存在的方式和运动发展的状态，以及这种方式或状态的直接或间接的表达，是机体具有器质性病变或功能性改变的表现形式。“证”不是疾病本身，而是疾病本质的反映。“六病”的“证”包括纲领证、核心证、单证、类证。

纲领证是“六病”的主证，是划分疾病属性的主要标准，是临床辨证的重要体现。这六类不同的证候，具体内容如下。太阳病：头项强痛，发热恶寒，无汗，脉浮，或咳喘。少阳病：胸中热烦，胸满，发热或往来寒热，咽干，口苦，小便黄赤。阳明病：胃家实，发潮热，自汗出，大便难。厥阴病：手足逆冷，脉细，恶寒，肢节痹痛。少阴病：心动悸，短气，背恶寒，或脉微细。太阴病：腹满，时腹冷痛，或吐，或利。

核心证是纲领证中一个具有代表性的症状或体征，是决定“六病”病位的主要依据，据此可以对疾病作出定位和定性的辨证，其内容如下。太阳病：头项强痛；少阳病：胸中热烦；阳明病：胃家实；厥阴病：手足逆冷；少阴病：

心动悸；太阴病：腹满。单证即太阳病、少阳病、阳明病的热证、实证和厥阴病、少阴病、太阴病的虚证、寒证，它们是一切疾病的基础证。表部：分为表部热证、表部实证、表部虚证、表部寒证；中部：分为中部热证、中部实证、中部虚证、中部寒证；里部：分为里部热证、里部实证、里部虚证、里部寒证。

类证是指除纲领证外，“六病”的其他证。在临床中，单一性的病证是少见的，更多的是复合病证，它们由单证的交叉与复合形成。“三部六病”学说将其分为并病、合病、合证、兼证、整体病、局部病。

并病：指某一部得病后，表现寒、热、虚、实均有的错综复杂的证候反应。这种情况下，寒热共存，虚实共见，只能定位而不能定性。包括表部并病、中部并病、里部并病三种。

合病：指“六病”中，不同部位的两种或两种以上的病同时出现。

合证：指同一部位阴阳属性不同的单证或不同部位两个以上单证同时出现。

兼证：指“六病”中的某个病与同部上的不同属性的单证同时出现或与不同部位上的单证同时出现。

整体病：病证不能在某一部位定位，而成为三部皆病的病证。包括整体阳证、整体阴证、整体体证。

局部病：在整体的三部中，凡具有独立结构和特殊功能的部分称为局部。局部病同样具有寒、热、虚、实的病机变化，但在临床中有时不能在整体上明显地表现出来，而是以局部的形态变化和机能障碍为主。

辨证的正确与否，最终要通过论治来检验和修正。辨证定方，以方定名，一证一方，相互对应，非此方不能治此证，非此证不得用此方。只有方才能提示证的本质，反映证的长短曲折，掌握证的轻重缓急，从而达到论治过程的高度规律化。针对疾病的发生、发展规律和病证的表现形式，解决疾病的方法无外乎两大疗法。一是凡机体出现对抗性疾病应变态势，表现为大热、大寒、大虚、大实之证时，则采用对抗的办法，寒则热之，热则寒之，虚则补之，实则泄之，这叫做纠偏疗法。一是凡机体出现非对抗性的疾病应变态势，表现为非寒、非热、非虚、非实的阴阳错杂之证时，则采用非对抗的办法，平和阴阳，调畅气血，协调机能，这叫作协调疗法。

临证如何提高临床辨治能力，刘绍武认为应该注意以下八点。

首先，辨病位，依部定证。表部发生的病证称为表证，其病证范畴为：头面、项背、四肢、腰体、皮毛、筋骨以及整个呼吸系统。故有太阳诊头、厥阴诊手足之说。里部发生的病证称为里证，其病证范畴为：心下、胃腹，包括整个消化系统。故有阳明诊下腹、太阴诊上腹之说。中部发生病变称为半表半里证，其病证范畴为：上自咽喉，下到前阴，前为心胸，后有心背，旁达两胁，包括整个血液循环系统。故有少阳诊胸、少阴诊背之说。

其二，依部定脉。寸口脉有寸、关、尺三部。《难经·十八难》说："盖三部者，以寸、关、尺分上、中、下也。"又说："上部法天，主胸以上至头之有疾也，中部法人主膈以下至脐之有疾也；下部法地，主脐以下至足之有疾也。"人体横向划分为表、中、里三部，纵向划分则成上、中、下三焦。表、中、里三部的划分重在系统的功能性和独立性，上、中、下三焦的划分突出了整体和系统的相互关联性。通过表、中、里和上、中、下形成了机体纵横交错的立体网络。上焦包括颅腔和胸腔。颅腔为大脑中枢所在地，是气升降出入的总中枢；胸腔是心肺所在地，是呼吸和循环的总枢纽。颅腔的气机病变在寸口脉，集中表现在鱼际部，胸腔心肺功能障碍集中表现在寸部。中焦为膈以下、脐以上的腹腔部位，是肝、胆、脾、胰、胃肠所在地，主要完成消化吸收功能，腹腔发生病变多对应于关部。下焦是脐以下的盆腔，为泌尿系统的肾、膀胱，生殖系统的卵巢、子宫、睾丸以及消化系统的下段所在地，盆腔的气血障碍多表现在尺部及尺后。

其三，依脉定证。脉象学说，是中医学中一门独特的理论，通过诊脉，可帮助医生得知疾病部位及性质的真伪。刘绍武认为，在临证中，脉证相符者俱多，但不相符者也常见。

首先应从脉的长度、宽度、深度、硬度、频率、充盈度、节律等来认识基础脉；二是认识由基础脉相合而成的复合脉，如洪脉、滑脉、紧脉、牢脉、革脉、微脉、结脉、代脉、促脉、弱脉及大小脉等。脉象对判断人体的正气与病邪变化有重要的意义，对全面衡量病情有很大的帮助，临床应细心体会，方不致误人。

再就是奇形脉。所谓奇形脉，就是不能完全按基础脉象评之，因其有特殊的形状。这种脉象分生理性奇形和病理性奇形。生理性奇形一般无临床意义，如双管脉、反关脉、神门脉、六阴脉；病理性奇形脉对局部病证和疑难病证有重要意义，有时可提供诊断依据，对治疗起决定性的指导作用。如刘绍武所提的上鱼际脉，多由肝阳上亢而致。聚关脉多由肝气郁结所致。长弦脉多见于腹满寒疝胀，对消化系统疾病诊断有重要意义。涩脉大小不一，快慢不匀，强弱不等，多见于气滞血瘀、气血虚弱，在心脏有器质性疾病和功能变化时，常常出现此脉。晃脉，也称动脉，按此脉有纵行跳动之感，多在关脉前后，晃动不定，患者多有惊恐、惕惕不安之感。

其四，辨病性。在系统辨证体系中，寒热是整体的，虚实是局部的。寒热存在于气血之中，是共性，虚实存在于框架之中，是个性。

共性存在于个性之中，没有个性，共性就不能成立。因此，寒热与虚实是不可分离的。“六病”都具有它的独特表现，其中纲领证、核心证对“六病”定性起决定作用。纲领证是“六病”诸症状的重要代表性证候，是伴随核心证而存在的。因此，临床辨证时，只要有核心证即可，如果核心证与纲领证俱在，则诊断更为全面。

其五，辨证施治。在临证中，只要诊断明确，即可立法处方，如太阳病，用葛根麻黄汤；厥阴病，用当归桂枝汤；少阳病，用黄芩柴胡汤；少阴病，用人参附子汤；阳明病，用大黄芒硝汤；太阴病，用苍术干姜汤。表部并病，用葛根汤；表部合病，用清喉汤；中部并病，用小柴胡汤；中部合病，用竹叶石膏汤；里部并病，用大黄生姜泻心汤；里部合病，用大黄牡丹皮汤、桃核承气汤。表部合证，用麻黄汤、小青龙汤等；中部合证，用大柴胡汤、柴胡桂枝干姜汤等；里部合证，用白桃汤、大黄附子汤等。表部局部病，用补阳还五汤、调滋汤；中部局部病，用降压汤、调肾汤等；里部局部病，用理消汤等。

其六，慎用汗、吐、下。刘绍武常说：在临床工作中，要避免一些因治疗不当而引起疾病加重的情况；如投患者及其家属所好，或追求一时疗效，引起疾病的加重，尤其对汗、吐、下三法的应用一定要慎重，切不可犯虚虚实实之戒。如淋证、鼻衄、贫血、汗出多、恶心、呕吐、血压偏低、身体羸瘦等患者不可发汗。汗出必伤津，轻则加重病情，重则变生他证，甚则丧失性命。凡寒证，诸如手足逆冷、脉微欲绝、心下硬满以及消化系统功能低下等证，不可用下法。凡有痈疡脓肿，并有呕逆者，不可治呕，因治呕逆之证常用辛开苦降之药，可加重痈疡脓肿之病情，而宜以治痈疡脓肿为主，如用大黄牡丹皮汤。再有，对峻烈之方，用之宜慎重。如十枣汤，治腹水有效，但易伤正气，应当隔日服，下利后，以粥养之，脉涩者，禁用。凡脉微、弱、涩、疾者，汗、吐、下三法均应慎用。临证中应宗仲景之法，“观其脉证，知犯何逆，随证治之”。

其七，调动患者的主观能动性。许多疾病的发展、预后与人的主观能动性密切相关。医学上认为，“不治之症”的患者，如果发挥其主观能动性，配合正确治疗，最后可能战胜病魔，恢复健康。在临证中，能否调动患者的主观能动性也是衡量一个医生水平高低的标准。治病如同作战，善战者，攻心为上。让患者树立战胜疾病的信心，对慢性病的治疗意义重大。

其八，整体协调。人体整体气血失调普遍存在，并且成为许多疾病的广泛内因。大量的临床实践证明，气血的失调遍见寸口，形成病理性特异脉，是整体失调最客观、最本质的指征，它如同航海家的指南针，可以冲破繁杂病证所造成的迷雾，指明方向，救人之危。协调疗法就是模拟吃食物进入人体后的消化、吸收、利用过程，通过人体自身自然功能的恢复，达到恢复机体内部调控机制的作用。

刘绍武说，自从人类出现以来，人们不断对自己的食物进行筛选，最后从数以万计的动植物中保留下诸如小米、大米、白面、玉米等数种主食，这些主食完全满足了人类自身的需求。协调方剂的选择也要像诸如大米、小米、白面等一样，应能够适应各种疾病的各种需要。中医通过两千多年的临床实践，逐步掌握了治疗诸多疾病的有效药物。寒、热、补、泻、升、降、收、散四个本质、八个方面构成了中药的基本属性，通过选择，只有小柴胡汤在配伍上具备了这个条件，在整体上达到了“和调五脏，洒陈六腑”的功能。如《伤寒论》第230条所说：“上焦得通，津液得下，胃气因和，身濈然汗出而解。”方中，柴胡升，半夏降，黄芩寒，生姜热，甘草泻，党参补，柴胡散，大枣敛，七药八法成为宣通表里、贯通上下的有效治疗方剂，使机体后天之本得固，气血之源得充，正气得扶，诸病得消，实为协调之妙方。因此，刘绍武将小柴胡汤作为整体协调之主方。

救苍生——悬壶济世，妙手回春

刘绍武认为，《伤寒论》一书的精髓就在于“辨证细致准确”。研究《伤寒论》必须前后对照，互相比较，找出其辨证的真谛，这样对指导临床实践才有意义。

20 世纪三四十年代，山西上党地区疫气流行，染者甚众。曾有村人王某，由于家贫，染疫 30 余日尚未治疗。初则壮热无休，继则谵语躁扰，终至神识昏愦。唯进以汤水，犹能下咽，得以度命。病已如是险恶，才请刘绍武治疗。诊见病室秽气熏人，视病者展卧榻上，扬手掷足，躁扰不宁，大肉如削，面垢不堪，呼吸喘促，语声喃喃，目合多眵。启睑以视，两目尽赤。病人遍体微汗，身无大热，询得每日黄昏热起，入夜转甚，鸡鸣渐退，20 余日大便未行。近 5 日来，有浅绿色清水自肛门中出。扪腹脐左有燥屎七八枚，历历可数。稍稍按之，患者眉作楚言。撬口视舌，舌焦而裂，苔黄燥而微黑，脉象沉细。刘绍武细思其病，病至阳明，久羁失下，邪热燔炽，伤津耗气，以致形削脉细。虽有阴亏气损之象，实为邪毒内结。当此之际，若略用育阴益气之品，必然导致邪热胶固，非其所宜，唯遵《伤寒论》“……不大便五六日，上至十余日，日晡所发潮热，不恶寒，独语如见鬼状，若剧者，发则识人，循衣摸床，惕而不安，微喘直视”，“自利清水，色纯青，下必痛，口干燥者，急下之，宜大承气汤”之训，荡其积热，使正气自复。遂与大承气汤 1 剂，分温 3 服。药 1 时许，下燥屎两枚，其坚如石；3 时后再服，又下燥屎两枚；3 服则燥屎与稀屎同下。再诊腹则燥屎已失，是夜病人遂不复热。躁扰虽宁，仍昏睡不醒，嘱以鲜西瓜汁频频灌服，以滋其阴津，兼清其余热。3日后，病者始苏，略为进食。米粥调养，3月方复初。这个病人病证凶险，虽危证百出，但只要胆大心细，依法而辨证，则取效桴鼓。然必须“稳、准、狠”。刘绍武说，“稳”，谓临证须静心询问病史和仔细诊查；“准”，是辨析和认证准确方不致误；“狠”，谓放胆用药，使其直达病所，方可拔除病根。若病重药量轻，反延误病情，病必不除。治疗急诊须胆识兼备。无识则认证不确，无胆则药难胜病。

刘绍武还曾治一人冬月患伤寒，40余日不解。患者由壮热躁烦而变成昏冷厥睡，呼之不应，喂以汤水，尚知下咽，已10余日。诊时周身厥冷，寸口、趺阳脉皆无，按腹则濡，启眼睑视之，双目赤如血衰。思得证情如此凶险而迁延10余日不败者乃正气尚未内溃，两目红赤乃火热之候，邪热内伏而阳不得伸，正所谓热深者厥亦深，遂投大剂白虎汤 1 剂，石膏重用 500g，知母亦用至 250g，煎一大盆嘱频频灌服，进半剂遂热大作，病者苏醒而大呼“热死我了”。半日尽剂而热不退，乃摄药不及。时值天降大雪，遂嘱患者家属做雪球与啖，进大于拳者 9 枚，热退而安。

刘绍武认为，“暴病多实，久病多虚，所言为常”，然为医者必须知常而识变，治病务必求本而知源。1968 年 2 月 27 日，刘绍武诊一患者，脐周隐痛反复发作 7 年，诉 1961 年春节期间，忽感绕脐隐隐作痛，腹胀不适，日便二三行，便稀而多杂黏液，然食纳正常。唯稍觉疲困乏力，入夏则痛泻渐愈。自是逢春则发，入夏则愈，无一年不作。每春治疗，均不能止其再发。诊得脉平，舌苔白而少腻。思得《金匮要略》所载“下利已差，至其年、月、日、时复发者，以病不尽故也，当下之，宜大承气汤”。此证尽合，遂问病发之前一年曾作利否？

病者略思而云："曾作热痢，但得快泻止愈。"此病本未除，故应岁时之变而发，以胶黏之物久蓄肠中故也。遂疏大承气汤与服，方用：大黄 15g，芒硝 10g，厚朴 15g，枳实 6g。先煮 3 味，纳芒硝，分温两服。药后大便日 3 行，先腹痛而后行，所下黏液极多。连服 3 剂，腹痛消失，遂停药，10 余年后追访再未发。

刘绍武诊病，精细入微，丝毫不差，承古人绝技于患者，启后学入医道，必须精研细琢。他常说：临证中，一定要慎之又慎。

对于病情复杂，来势凶猛，常常危于一旦的患者，若不精心辨识，稍有不慎，必致偾事。1972 年 8 月，刘绍武诊一患者，一周前突感胃脘不舒，心烦而悸，冷汗淋漓，下如胶漆黑便。某医院遂以"上消化道出血"为之输血，并用止血药治疗。一周输血 3400ml。后转邀刘绍武诊治。诊见其面色清白而稍透赤色，发热汗出，体温 39℃，大便日二行，仍为黑红色，舌淡而胖，脉滑而数。思其大便黑黏而滑，是谓远血；其冷汗淋漓，面色淡白，舌质胖嫩，下血不休，此为阴寒所困而脉象滑数；面隐赤色，发热不止，病起卒然，又似邪热为患。合血脱汗出，血压降低，其阴寒内盛无疑。面隐赤，虽烦甚而不躁，又神清展卧，脉显滑象，则为邪热之盛，灼伤阴络，遂迫血妄行。古人云："血自下，下者愈。"下血而发热不休，又当虑阳无所附。综观其证，邪热不退而阴寒已盛，故用小柴胡汤合白虎汤、黄土汤以和解表里，清邪热，温里寒，滋阴养血，敛浮越之阳，防里寒之厥变。处方：柴胡 10g，黄芩 15g，苏子 30g，党参 30g，川椒 5g，甘草 9g，生石膏 30g，知母 15g，熟地 9g，白术 9g，炮附子 9g，灶心土 30g，阿胶 9g。1 剂药后，热减，脉尚少滑，舌苔未转，令继服之。共服 38 剂，精神状态一如常人，到医院又做上消化道造影，未显异常。

刘绍武诊病，重辨证，更重疗程。常谓：

辨证准确，用药得当，但疗程不够，病仍无治愈之望，就像上楼梯台阶，100 个台阶，上了 99 个仍不算登上了楼顶。因疗程不够半途而废的病人比比皆是，刘绍武主张对每一个患者都要有一个合乎自身的疗程，一定要做到弹无虚发，射程射点要胸中有数。他曾治一脊柱结核的患者，女，52 岁，1971 年 5 月 7 日门诊，述 1969 年春，出现腰痛。不久，右腰生脓疱两处如拳大，溃破，深 4～5cm，流出状如米泔水样之秽浊稀水，形体消瘦，精神萎靡，渐至卧床不起。1970 年某医院诊为“脊柱结核，见胸椎 11～12 骨质破坏变形”，治疗经年，未见好转。诊其脉细数，舌苔厚白。处方：熟地 30g，白芥子 6g，鹿角胶 30g（烊化），紫油桂 3g，炮姜 1.5g，麻黄 1.5g，生甘草 3g，1 日 1 剂。因其在太原居住不便，归故里养息。嘱其服药 1 年，不论效之有无，间或加重，必须坚持服药。1 年后，患者与家属来门诊送感谢信，其中写道：“经月余治疗，非但病无转机，而且反觉沉重，一天只能吃3两粮，大小便也不能控制了，咋办呢？是继续服药，还是就此中止？我内心深处展开了生与死的斗争。我是一个病人，我有生的欲望，我也有战胜疾病的信心，相信医嘱，以百折不挠毅力，一鼓作气，继续服药，乃是降伏病魔的唯一正确途径。有道是‘山重水复疑无路，柳暗花明又一村’，令人振奋的日子终于来到了，当我服到110剂时，疮口长出了新肉，服到150剂时，我顿觉精神清爽，食欲大振，不须拐杖也能走动，而且能围着灶台做饭了。就这样，历时1年服中药250剂，我的骨结核终于完全治愈了。”

山西忻州军分区，刘某，女性，久病不愈，嗳气反酸，不思饮食，日渐消瘦，体重下降至36kg，走路晃动，大有被风吹倒之势，往复各大医院检查，均诊为“胃下垂”，造影示胃已下垂至盆腔，久治乏效。遂于1972年6月来太原市中医研究所请刘绍武医治。刘绍武观其脉证，见脉弦细，病人善忘喜呕，知有瘀血在内，须用泻血之法，以治阳明之疾，遂处以桃仁承气汤，患者手执处方，半晌不语……

返回忻州，照方服药，1 剂后，下利 20 余次，便如黏液样，本来弱不禁风的躯体，加之下泻如此剧烈，家属担心脱水，病人担心体力不能承受。此时的刘绍武反而鼓励病人服下去，腹泻持续 40 余日，渐次减少，病人体重降至 33.5kg，瘦得皮包骨头。刘绍武不改原方，令其继续坚持，病者开始感觉食欲增加，体轻身捷，一改过去那种懒动状态，开始操持家务。4 个月后，利止食增，钡餐造影，胃已恢复原位，体重增至 55kg。

1970 年春，太原市流行伤寒病，省市两级领导非常重视，调集山西医学院（现山西医科大学）第一医院、第二医院及太原市中心医院和太原市中医研究所的知名专家共商防治大计，事后，并请各路专家到河西区总医院会诊几例危重病人。

在河西区总医院传染病病房内，一个房间住着3个病人。一床、三床正在输液救治，二床患者尚能下床活动。诊断完毕，各位专家到医生办公室共商抢救方案。其间，有一位山西著名内科专家向刘绍武发问："中医不是能决生死吗？刘绍武你看咱们会诊的302病房那3个病人哪个轻，哪个重？"刘绍武答曰："从脉证看，二床最重，应该引起注意。"刘绍武言罢，一片哗然，大伙儿都不屑一顾。明明二床比一床、三床的病人病情轻，神志清醒，还能吃喝，另外两人已经昏迷。甚至有的专家怀疑刘绍武有什么目的。

3天后，二床死亡，一床、三床1个月后康复出院。对此结果，专家们开始对刘绍武、对中医刮目相看。共同参与抢救的太原市中心医院的内科主任刘某，后来专门拜访刘绍武，请求收她为徒，学习决生死的妙术。

刘绍武讲：“人体消化系统主要受迷走神经支配。迷走神经功能正常时，脉见和缓。消化系统的疾病无论轻重，只要见缓脉，就不会有生命危险。如果危及迷走神经的支配功能，其病已危及中枢神经。迷走神经一旦失去控制，则见脉数。脉见疾数，是肠伤寒的危险征兆，故会诊时，我见一、三床脉缓，二床脉疾数，才说了那样的话，不幸言中。”

大同地区山阴县一农民来太原治疗眼疾，因两月前在家中发烧，随即眼睛视物模糊，渐至失明。当地诊断为“结膜炎”，但多次服药乏效，故来山西某医院眼科就诊，治疗数日仍不见效。有人建议她到太原中医研究所顺便看看中医，病人挂号后，找到刘绍武诊治。刘绍武看后，处方麻杏石甘汤2剂，交与患者。

那是1972年的冬天，患者正巧与跟随刘绍武进修的宁夏医学院张忠惠医师同住铜陵桥宾馆。当时的麻杏石甘汤每剂1角8分钱，患者捧着1角8分钱的方药，心中十分怀疑，并感到无望，喃喃地说："几十元1剂的药也吃过，已花过近千元了（当时对农民来讲是天价），仍不见效，1角8分的方子就能治好？真是不信。"正巧，张忠惠下班，见到此状，劝其服了试一试。当晚，张忠惠帮助患者买来砂锅，在旅馆的炉子上煎了1剂，让患者服下。没想到第二天天不亮，患者就去敲张忠惠的房门，告诉张忠惠："我能看见光亮了。"张忠惠亦觉稀奇，1剂麻杏石甘汤竟能治好失明的眼睛，对一个资深医师、大学教授的张忠惠来讲，也感到是天方夜谭。张忠惠当时的心理是不想让农民把买来的药浪费掉，才动员她服下看看，没想到竟有如此结果，遂带病人到门诊请刘绍武再看。刘绍武依然治不更方，让患者服用两周。药后患者病愈而归。

后来刘绍武讲，麻杏石甘汤是仲景的良方，

有引热出表之功。患者本有内热，热借肝阳上亢之势上冲双目，致使眼底血管极度充血而致失明。石膏辛凉清热，具止血凉血之效，麻黄开鬼门而散热，杏仁宣肺而使内热不存，甘草和中。有待时日，自然出血得消，则双目重见光明也。

1972 年秋，十三冶职工耿某，32 岁，男性，来中医研究所就诊。刘绍武审其脉证，见脉弦紧，面色潮红，如醉酒状。患者自述胸中满闷，心烦欲发狂，不欲食，嗽而有痰，久治不愈，痛苦不堪，常请病假休息。单位责其装病偷懒，患者自觉疾病缠身，感觉冤枉，又诉苦无门，无奈来求刘绍武一治。时正值 8 月，甜瓜上市，瓜秧待拉，刘绍武令其到瓜农的瓜地，寻甜瓜蒂 20 个，赤小豆 1 把（约 50g），将瓜蒂烘干至焦黄，与赤小豆研细末为散，分 10 次服下。患者应诺，次日即将二味找到，如法炮制，刚服下 1 份，即感胃脘如翻江倒海一般，恶心欲呕，随即吐出大量黏液，如烙饼大小两片，用棒挑起，痰涎可拉得1尺许不断。再服用1份，复又吐出痰涎1茶杯许，渐服渐少。两日后，自觉头清目爽，一改过去那种昏昏欲睡、烦躁欲狂之状。瓜蒂散未服尽，就去见刘绍武。刘绍武令其停服，令弟子开二陈汤两剂，按法煎服。愈后，病者满怀感激告知，已痊愈上班，不再请假。

刘绍武讲：脉象弦紧，亦病者久有恣食寒凉之习，寒则气凝，气凝则营养精微积聚，积而化痰，愈积愈多，痰迷清窍，故病人头昏智迷，寒阻中焦，清阳不得下降，热越于上则面如醉酒，迷乱神志则令其癫狂。正如病者所言："如果得不到刘绍武的妙手救治，我恐怕要疯了。"

1976年春，山西五台县一患者，白姓，男，39岁，来太原中医研究所就诊。患者身体消瘦，几近皮包骨头，面容憔悴，自述食欲尚佳，但吃后下利，日 3～4 次，腹脘胀满，辘辘有声，甚时完谷不化，身体渐渐消瘦，近期出现性机能减退，阳痿不举。每遇饮食不节，过度劳累，天气变化，生气着急就愈加重，多次求治，补药、泻药吃遍，均不见效。近期自感体力不支，家人怀疑得了“坏病”（癌症），催促其到太原诊治。在山西某医院消化门诊作了胃肠造影，亦无异常发现，医院门诊大夫建议他到太原中医研究所请刘绍武治治试试，并告知患者，把将来中药治疗效果转告他们一下。患者遂按大夫们的指点，来到太原市中医研究所。

刘绍武详细查看了患者病情，患者双手脉象长弦，以右手尤甚，遂嘱弟子开具苍术干姜汤，并嘱依法服用，两周后可来复诊。患者持方，返回医院，消化门诊的大夫见到 4 味药的一方，无置可否地笑着，让患者试试。患者回到五台家中，依法煎服。1 剂尽，下利减；2 剂终，下利止。1 周后，大便恢复正常，不再下利那种稀黏便，并感到肢体开始温暖起来，食欲有所增加。因刘绍武有医嘱在先，令其每天吃七分饱，禁食肉类，他依遵刘绍武所言，两周服完，遂来复诊。讲述服药情况后，弟子们也觉稀奇，小小的一方苍术干姜汤，竟有此良效，不敢深信，可眼下的情景，又是如此的不可否认。复诊后，刘绍武依然令其守方治疗。1 个月后，患者体重增加 10 余斤，一改过去那种“贫苦面容”，开始容光焕发。刘绍武嘱其停药，3 个月后随诊，病人恢复正常，体重由原来的 46.5kg，增加到 63kg。刘绍武对弟子讲：此病的本质就是胃肠虚寒，补以难满，泻而虚虚，无处着手，只有温胃健脾，燥湿并用，急则以缓，自有康复之机。

尚医德——风范长存世，身后斯名远

刘绍武医术精湛，医德高尚，有感恩而以礼者，均一一谢绝。有一次，解放军驻晋某部医院张院长为感谢刘绍武治好了他的病，专门备了一桌酒菜，并邀请了陪客，挽留出诊的刘绍武共进午餐。刘绍武推辞不过，难以脱身，急了，认真地大声说："我曾为此立过誓，一辈子不吃病人家的饭。你也是个医生，应该支持我呀！"张院长见刘绍武动了真情，只好依了他。

又一次，一位患者为了感谢刘绍武为她治愈了多年的顽疾，特意登门致谢，同时带去两包糕点。刘绍武反复劝退无效，竟然毫不留情地把两包糕点扔出门外。还有一次，山西长治一名矿工患食管癌找刘绍武看病，到省城太原刘绍武寓所时天色已晚。刘绍武接诊后，除关切地安慰病人外，还嘱老伴端上了挂面汤。病人吃完饭，刘绍武才为病人看病。看后，病人的儿子因人生地不熟，提出让刘绍武帮忙介绍个旅店，刘绍武看天色已晚，便挽留他们住在家里。矿工和儿子连说："使不得，使不得。"刘绍武风趣地说："这个问题我能解决呀！"说完，让老伴去邻居家睡，让患者留在了自己家住。凡是来家求诊的病人，刘绍武一向是坚决不收费，尤其是学生，如果坚持要给，刘绍武总是和蔼地说："好好用功读书，这钱就留做零用吧！"

刘绍武特别反对"同行相轻"，他给自己立下了"不訾议诸医"的规矩。有一回，一个实习大夫发现一位医生给很多病人都用"逍遥散"方剂，每次加加减减，用量很小，便用讥讽的口气告诉了刘绍武。刘绍武严肃地说，这位大夫经常使用道遥散，肯定对此方有所研究。他能灵活应用，更是难能可贵。用量小，自有小的作用，这就是中医所谓的“轻启开关”。一席话说得这位年轻大夫十分惭愧。对向刘绍武求学讨教中医药学问的拜师者，不论年龄大小，不论从何处而来，他一律热情接待，而且不厌其烦，诲人不倦。因此，刘绍武弟子众多，可谓桃李满天下。

大医者有大爱。刘绍武这种博大的胸怀来源于他对生命的敬畏和高尚的情操。刘绍武对病者非常尊重，以父母之心呵护着每一个求诊病人。医者仁也，仁者寿山河。刘绍武除了向病人讲述病情、向学生授业以外，言谈不多。“大音稀声，大象无形。”刘绍武淡泊名利，蔑视金钱，常以唐代药王孙思邈“医人不得恃己所长，专心经略财物，但作救苦之心，于冥运道中，自感多福者耳”之语自警，从不以名大艺高而见利忘义。一生很少去商店，很少花钱，一身俭朴，却常常对贫苦百姓及无钱医病的患者伸出援助之手，甚至是倾囊相助。在刘绍武身边几十年的学生、弟子们心中，数不清有多少人受过刘绍武的帮助，更不知有多少穷苦百姓在他的诊治下获得了第二次生命。

2004年12月2日，刘绍武在海南省海口市与世长辞，享年98岁。2005年5月4日，刘绍武魂归故里，数千人闻讯自发赶往山西襄垣十字道村。有从北京、上海、广东、海南去的，有从新加坡、澳大利亚、韩国去的；有机关干部、院校教工，还有军人、农民；有年轻的，也有扶杖甚至坐轮椅去的。大家都是去为这位大师送行，有近千个花圈，摆满了整个十字道村的长街。

2007年4月8日，“纪念名老中医刘绍武诞辰100周年暨‘三部六病’学说传承大会”在山西省太原市隆重举行。山西省党政领导与省城部分中医专家、刘绍武的弟子等400余人一同出席了大会。会上山西省政协副主席、山西省中医学会会长、山西中医学院院长、国家中医药管理局领导、中国中医药报社社长等对刘绍武一生的医学成就予以高度评价。赞扬刘绍武一生奉献中医事业，在精研《伤寒杂病论》和总结临床经验的基础上，创立了“三部六病”学说及诊疗体系，使中医诊疗更趋系统化、标准化、规范化，为中医药事业作出了杰出的贡献。与此同时，经国家有关部门批准，将为这位大师在太原市中医研究所铸立铜像，让人们永远记住这位对人民健康作出突出贡献的人。

刘绍武走了，他这辈子没有给子孙留下什么遗产，却留下了一位临床大家的风范和造福人类的“三部六病”学说。他那默默的从不渲染更无骄横的善良济世的心灵与品德，永远让人怀念。

（撰稿人　杜惠芳）

《中华中医昆仑》丛书150位医家名录

（按生年排序）

张锡纯	丁甘仁	萧龙友	王朴诚	恽铁樵
曹炳章	冉雪峰	谢　观	施今墨	汪逢春
孔伯华	黄竹斋	吴佩衡	蒲辅周	陈邦贤
李翰卿	李斯炽	姚国美	陆渊雷	张泽生
时逸人	张梦侬	叶橘泉	王聘贤	陈慎吾
邹云翔	赵炳南	承淡安	余无言	刘惠民
岳美中	沈仲圭	秦伯未	赵锡武	韦文贵
程门雪	黄文东	赵心波	董廷瑶	吴考槃
章次公	石筱山	陆南山	张赞臣	李聪甫
刘绍武	陈存仁	朱仁康	陆瘦燕	姜春华
韩百灵	高仲山	李克绍	王鹏飞	刘春圃
金寿山	哈荔田	何世英	周凤梧	干祖望
关幼波	王为兰	任应秋	罗元恺	祝谌予
杨医亚	郭士魁	何时希	耿鉴庭	俞慎初

裘沛然	顾伯华	江育仁	邓铁涛	门纯德
刘渡舟	尚天裕	朱良春	李玉奇	程士德
尚志钧	赵绍琴	董建华	米伯让	李辅仁
张珍玉	班秀文	颜正华	于己百	颜德馨
路志正	方药中	王乐匋	黄星垣	谢海洲
余桂清	何　任	王子瑜	程莘农	陈彤云
焦树德	张作舟	张　琪	李寿山	张镜人
王绵之	方和谦	印会河	王玉川	蔡小荪
李振华	马继兴	王嘉麟	宋祚民	刘弼臣
王雪苔	刘志明	吴咸中	李今庸	任继学
裴学义	王宝恩	周霭祥	贺普仁	唐由之
赵冠英	许润三	金世元	陆广莘	刘柏龄
徐景藩	吉良晨	吴定寰	沈自尹	王孝涛
张灿玾	周仲瑛	强巴赤列	张代钊	李经纬
郭维淮	柴松岩	苏荣扎布	陈可冀	李济仁
夏桂成	郭子光	巴黑·玉素甫	张学文	陈介甫